À Gabriel

Niveau 1

Texte de Richard Houde
Illustrations de Marion Arbona

Le bain déborde

la courte échelle

Les éditions de la courte échelle inc.
160, rue Saint-Viateur Est
Bureau 404
Montréal (Québec) H2T 1A8
www.courteechelle.com

Consultantes en pédagogie : Audrey Nolin et Geneviève Nolin

Révision : Leïla Turki

Conception graphique : Kuizin Studio

Dépôt légal, 2ᵉ trimestre 2011
Bibliothèque nationale du Québec

La courte échelle reconnaît l'aide financière du gouvernement du Canada par l'entremise du Fonds du livre du Canada pour ses activités d'édition. La courte échelle est aussi inscrite au programme de subvention globale du Conseil des Arts du Canada et reçoit l'appui du gouvernement du Québec par l'intermédiaire de la SODEC.

La courte échelle bénéficie également du Programme de crédit d'impôt pour l'édition de livres — Gestion SODEC — du gouvernement du Québec.

L'auteur tient à remercier le Conseil des arts et des lettres du Québec pour son appui financier.

Catalogage avant publication de Bibliothèque et Archives nationales du Québec et Bibliothèque et Archives Canada

Houde, Richard

    Le bain déborde

    (Collection Première lecture ; 29)
    Pour enfants de 6 ans et plus.

    ISBN 978-2-89651-388-8

    I. Arbona, Marion. II. Titre. III. Collection : Collection Première lecture ; 29.

PS8565.O763B34 2011   jC843'.54   C2010-942407-7
PS9565.O763B34 2011

Imprimé en Chine

À la découverte des personnages

Do

Do a six ans et il a beaucoup d'imagination. Il s'invente des histoires fabuleuses. Son grand copain Gadoche et lui affrontent toutes sortes de menaces !

Gadoche

Gadoche est un raton laveur.
Il est le grand ami de Do.
Gadoche est agile et courageux.
Il aide Do à braver tous les
dangers.

À la découverte de l'histoire

Chapitre 1
Au lit !

Maman entre dans ma chambre
et me dit :
— Dodo, Do !
Je me couche dans mon lit avec
Gadoche.

Maman me borde.

Elle me donne mes quatorze
becs magiques sur le front.
Ils m'empêchent de faire des
cauchemars.

Maman sort de ma chambre et elle allume la lumière de la salle de bain. J'entends le bain couler.

Imagine si maman oublie
de fermer les robinets !

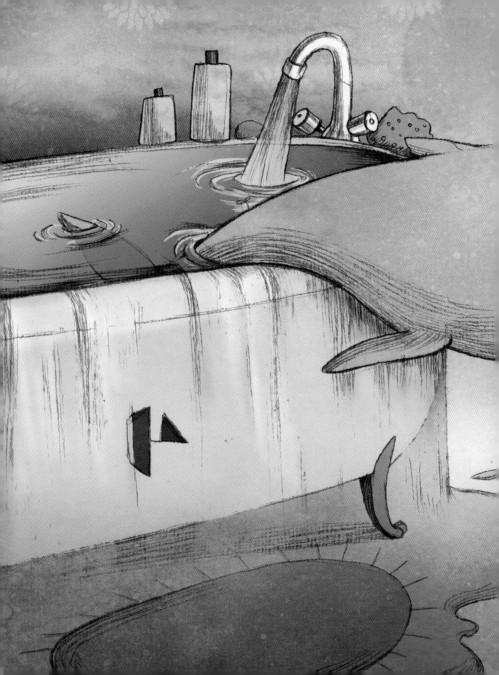

Chapitre 2
À l'eau

Le bain déborde, et l'eau coule
dans les toilettes. Ma baleine
sort du bain.

Toute la maison est inondée.
Gadoche et moi, nous dînons
dans la cuisine, assis sur des
flotteurs.

Dans les rues, les autos sont recouvertes d'eau.
Pour se déplacer, les gens utilisent des bateaux.

Je pars à l'aventure avec
Gadoche dans la chaloupe
de papa. Je rame, je rame.

Nous sortons de la ville. Nous
sommes perdus. Il y a de l'eau
à perte de vue. C'est comme
la mer.

Chapitre 3
L'eau et le feu

Nous rencontrons un animal immense. C'est une baleine-dragon qui crache du feu. Gadoche et moi voulons arrêter ce monstre pour l'empêcher de détruire toute la ville.

Je menace la baleine-dragon avec une de mes rames. Elle met le feu à ma pagaie. Je jette ma rame à l'eau pour ne pas me brûler.

Par chance, j'ai une autre rame
dans le bateau. Oh, oh! la
baleine-dragon fonce sur nous!
Nous nous sauvons.

Tout à coup, le niveau de l'eau
se met à baisser. Notre bateau
frotte contre le sol. Nous
avançons moins vite.

La baleine-dragon nous
rattrape, menaçante. Soudain,
Gadoche saute à l'eau. Je lui crie
de revenir.

Chapitre 4
Au secours, Gadoche !

Gadoche disparaît dans l'eau.
Au moment où la baleine-dragon
vient pour m'avaler, elle
commence à se dégonfler.

Bravo! Gadoche lui a mordu une
fesse! Gadoche et moi, nous
rions très fort.

Il n'y a plus d'eau du tout.
Maman a vidé le bain. C'est
ennuyeux, nous devons rentrer
à pied à la maison.

Maman me dit :

— Do, dodo ! Éteins ta lumière !

Je réponds :

— Oui, maman.

Hourra ! nous n'avons plus
besoin de rentrer à pied.

Glossaire

Chaloupe : Petit bateau avec des rames.

Flotteur : Objet qui reste à la surface de l'eau.

Pagaie : Morceau de bois aplati qui sert à faire avancer un bateau, rame.

À la découverte des jeux

Flotte ou coule

Rassemble plusieurs petits objets faits de matériaux différents. Dans un bassin d'eau, vérifie s'ils flottent ou s'ils coulent.

Bateaux écolos

À l'aide de matériaux recyclés, fabrique un bateau original. Fais une course de bateaux avec tes amis. Qui gagnera le concours ?

Découvre d'autres activités au www.courteechelle.com

Table des matières